Violão Amigo

2

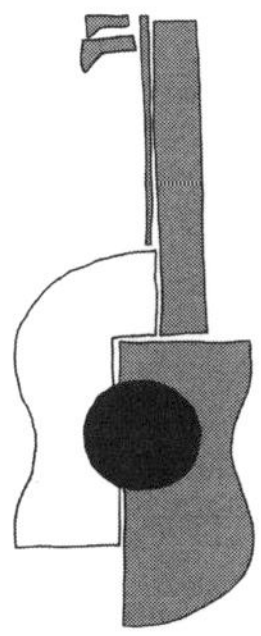

Série coordenada por

Turibio Santos
Sérgio Barboza

Jorge Zahar Editor
Rio de Janeiro

Copyright © 2000 desta edição:
Jorge Zahar Editor Ltda.
rua México 31 sobreloja
20031-144 Rio de Janeiro, RJ
tel: (21) 240-0226 / fax: (21) 262-5123
e-mail: jze@zahar.com.br
site: www.zahar.com.br

Capa: Carol Sá e Sérgio Campante

Impressão: Cromosete Gráfica Editora

CIP-Brasil. Catalogação-na-fonte
Sindicato Nacional dos Editores de Livros, RJ.

V792 v.2 Violão amigo 2 / coordenação, Turibio Santos, Sérgio Barboza. – Rio de Janeiro: Jorge Zahar Ed., 2000

Textos introdutórios em português e inglês
ISBN 85-7110-574-X

1. Violão – Instrução e estudo. 2. Música popular – Brasil – Textos. 3. Partituras. I. Santos, Turibio, 1943-. II. Barboza, Ségio.

00-1440 CDD 784.5
CDU 784.4

Sumário

Contents

Para Eduardo

Romanceiro

para violão

Revisão e digitação: Turibio Santos

Edino Krieger

16
a
1.
p i m p i m a
19
2.
mf
22
25
28

31
34
37
40
43

46
Ossia
49
51
harm XII

Menina Cigana

Suíte Meninas

Revisão e digitação: Turibio Santos

Sérgio Barboza

2
Piu mosso

3
Allegretto
Ossia
II
III

(1/2 VII)
IX
VII
p
4
Tempo primo
Ossia
VII
Rit.

Minha Menina

Suíte Meninas

Revisão e digitação: Turibio Santos

Sérgio Barboza

Andante con moto

harm. M.D.

42
45
V
48
V
VIII
mf
52
1/2 III
55
V
59
I
62

Baiana Cativa

Suíte Meninas

Revisão e digitação: Turibio Santos

Sérgio Barboza

25
2
♩ = 88
29
33
p
f
sfffz
37
3
Allegretto
♩ = 108
mf marcato
41
1/2 II
45

4
p dolce
accel.

5
♩ = 120
73
75
77
79
81
83

6
VII
VII
VII
VII
II
amim
(rasgueado)
gliss.

7
♩ = 112
97
f
mf
104
108
8
♩ = 108
111
117
f
p súbito
dim. poco a poco
123
rit.....................

Flor de Mandacaru

(Agosto de 1999, Rio)

Revisão e digitação: Nicanor Teixeira

Nicanor Teixeira

V
III
rit.
2
3
Lento cantabile

4
Rit.... Allargando

5
A Largo

6
97
100
103
7
107
V
III
110

114
V
III
117
120
123
125

Cayumba

Suíte Quilombo

Transcrição: Sérgio Barboza
Revisão e digitação: Turibio Santos

Carlos Gomes

17
V. I
V. II
21
V. I
V. II
25
V. I
V. II
29
V. I
V. II

33
V. I
V. II
VII
37
41
45

49
V. I
V. II
53
V. I
V. II
57
V. I
V. II
60
V. I
V. II

Bananeira

Suíte Quilombo

Transcrição: Sérgio Barboza
Revisão e digitação: Turibio Santos

Carlos Gomes

V. I
V. II

Quingombô

Suíte Quilombo

Transcrição: Sérgio Barboza
Revisão e digitação: Turibio Santos

Carlos Gomes

15
V. I
V. II
18
V
IV
21
24
1/2 V

27
V. I
V. II
30
V. I
V. II
34
V. I
V. II
38
V. I
V. II

Bamboula

Suíte Quilombo

Transcrição: Sérgio Barboza
Revisão e digitação: Turibio Santos

Carlos Gomes

2
17
V. I
V. II
21
V. I
V. II
3
25
V. I
V. II
29
V. I
V. II

4
5
V. I
V. II

6
49
V. I
V. II
53
V. I
V. II
7
57
V. I
V. II

61
V. I
V. II
8
65
V. I
V. II
69
V. I
V. II

Final

Suíte Quilombo

Transcrição: Sérgio Barboza
Revisão e digitação: Turibio Santos

Carlos Gomes

V. I
V. II
21
25
29
33
X
②
③

37
V. I
V. II
40
V. I
V. II
43
V. I
V. II
46
V. I
cresc. molto
V. II

Violão Amigo

série coordenada por

Turibio Santos e
Sérgio Barboza

Violão Amigo 1

Cantigas de roda brasileiras

Violão Amigo 2

Carlos Gomes
Suíte Quilombo

Edino Krieger
Romanceiro

Nicanor Teixeira
Flor de Mandacaru

Sérgio Barboza
Suíte Meninas

Violão Amigo 3

Edino Krieger
Prelúdio

Ernesto Nazareth
Brejeiro
Tenebroso

Sérgio Barboza
Impressões

Vieira Brandão
Mosaico

Violão Amigo 4

Ernesto Nazareth
Batuque
Odeon

Nicanor Teixeira
Cateretê das farinhas
Olhos que choram
Canção terna

Sérgio Barboza
Suíte Ugupu

Villa-Lobos
Valsa concerto nº 2

Violão Amigo 5

Carlos Gomes
O guarani

Chiquinha Gonzaga
Suíte

Ricardo Tacuchian
Série Rio de Janeiro

Sérgio Barboza
Moleque/Cenas de outono/Choro/
Pavana para um amor anunciado